¿Por qué no puedo...?

La libertad cristiana

José Young

Ediciones Crecimiento Cristiano

© 2003 Ediciones Crecimiento Cristiano
Título: ¿Por qué no puedo...?
Autor: José Young
Primera edición: marzo de 2003
I.S.B.N. 950-9596-88-4

Diseño de tapa: Ana Ruth Santacruz

Impreso en los talleres de
Ediciones Crecimiento Cristiano
Córdoba 419
5903 Villa Nueva, Pcia. de Córdoba
Argentina.

oficina@edicionescc.com
www.edicionescc.com

Primera edición: marzo de 2003
Actualizado: noviembre de 2007

IMPRESO EN ARGENTINA
VC6

Índice

Introducción

Crecer en esta vida implica enfrentar una cantidad de decisiones cada vez mayor. Cuando somos niños, otras personas manejan la mayor parte de nuestras vidas y no tenemos mucho espacio para movernos solos. Pero con los años, la vida ofrece cada vez más alternativas y nosotros tenemos una responsabilidad cada vez más grande de decidir por nosotros mismos.

Pero, ¿cuándo llegamos a ser realmente libres? Si no son los padres, es la escuela; si no es la escuela, es el trabajo. Y aun cuando llegamos a la edad de la jubilación, todavía parece que hay cosas que nos impiden ser realmente libres.

Este es, entonces, el tema que vamos a enfrentar, pero desde una perspectiva especial: Desde el punto de vista de nuestro Creador, quien nos conoce mejor que nadie y quien tiene la verdadera respuesta a todos nuestros "¿por qué?".

Las citas bíblicas son de la Nueva Versión Internacional de la Biblia.

1   ¿Soy libre?

Libertad... ¡Qué linda palabra!

Nos gusta la posibilidad de tomar nuestras propias decisiones, de vivir nuestras propias vidas. Sintámonos libres o no, la posibilidad nos atrae.

Pero, ¿es posible ser realmente libres? Pues depende de cómo definimos la palabra.

1   Busca la palabra en un diccionario. ¿Qué significa "libre" según el diccionario?

En la antigüedad, ser libre era un privilegio para pocos. Existían muchos esclavos que eran personas como nosotros, pero con inferioridad de condiciones debido al color de su piel o su situación económica o familiar. Algunos sólo podían ser libres si algún amo benévolo o compasivo los compraba por algunas monedas para luego otorgarles su libertad, o por lo menos, mejorar su situación.

La libertad física es una de las más preciadas en la actualidad. Es por eso que las constituciones de distintos países, como el nuestro, la incorporan como una facultad inherente a cada persona, y con la prohibición por ley de restringirla en parte o totalmente sin motivo alguno.

2 Pero en tu caso particular, ¿te sientes libre? ¿Por qué?

3 ¿Cuál es tu propia definición de la palabra "libertad"?

4 ¿Es posible ser adicto a algo pero a la vez ser libre? ¿Por ejemplo?

El diccionario "Pequeño Larousse Ilustrado" define la palabra "adicto" como: "Dedicado, apegado, como adicto a la tradición." Según este significado de la palabra, es casi normal que seamos adictos a algo, por ejemplo: un equipo de fútbol, un cantante. Aunque también es normal que el adicto no quiera reconocer su adicción, sino que la tapa, la esconde.

Supongamos que una persona decida que quiere ser verdaderamente libre. Quiere escapar de los lazos de la familia, el estado, la gente… todo. Entonces va a un lugar lindo en las montañas, lejos de todo, y se instala en una cueva.

5 *¿Será esa persona realmente libre, o no? Explica.*

Pensemos el tema desde otra óptica. Sugiero lo siguiente:

Somos libres mientras vivimos de acuerdo al propósito por el cual y para el cual fuimos creados.

Doy un ejemplo muy sencillo: el tren. El tren ha sido creado para correr sobre dos rieles. Ese es su ambiente, su contexto. Si un tren decide que quiere ser libre y escapar de los rieles, a pocos metros se quedará parado.

Podemos hablar también del pez que quiere salir del agua, o la tortuga que quiere volar.

Hemos sido creados para funcionar dentro de un ambiente, en un contexto que nos condiciona con sus límites. En ese contexto podemos funcionar bien, tenemos libertad de ser lo que debemos ser, pero fuera de él nos estancamos.

6 Pensemos un poco: ¿Cuál es nuestro contexto de vida con sus límites si somos creación de Dios? (Ver Génesis 1.26 - 27 y Salmo 8.4 - 8)

7   Pero, ¿es posible la libertad absoluta? ¿Conviene?

Los que dicen ser cristianos pueden ingresar a otra dimensión de libertad diferente a la de las personas sin Cristo porque Dios produce cambios profundos en el cristiano.

Ahora, ¿estos cambios afectan de alguna manera la posibilidad de ser realmente libres?

8   ¿Cuál es tu primera reacción a esta pregunta?

9   Con este capítulo quiero destacar un principio. Como resumen y en una sola frase, ¿cuál es ese principio?

¿Por qué el mundo está en una situación tan grave? Simplemente porque las personas no viven dentro del contexto para el cual fueron creadas.

2 "Cristo me libera"

Una de las grandes promesas del evangelio es la libertad. Cristo mismo explicó su misión en estos términos.

1 Por ejemplo, en Lucas 4.16 - 19, ¿a quiénes promete Jesús liberar?

Ahora la pregunta clave es: "Si Cristo nos libera, ¿de qué nos libera?"

Creo que es obvio que no nos libera de nuestras limitaciones como seres humanos. No tenemos la libertad de volar, por ejemplo.

Una de las respuestas que encontramos en el Nuevo Testamento a esa pregunta es que hemos sido liberados de la Ley. Si buscamos las referencias a "la ley" o "su ley" en el Nuevo Testamento, encontramos que citan a casi todos los libros del Antiguo Testamento. Así que "la ley" incluye todo lo revelado de parte de Dios para la instrucción de su pueblo.

Pero si es así, ¿qué ventaja tiene liberarse de ella?

2 ¿Cómo responden los siguientes versículos a esta pregunta?
Romanos 3.19 - 20 y 8.2 - 3a

Si la Ley no es capaz de llevarnos a vivir una vida agradable a Dios, entonces es necesario encontrar otra solución: la libertad que ofrece Cristo.

Y la libertad que ofrece Cristo va más allá de la Ley. Veamos dos ejemplos.

3 ¿De qué nos libera Cristo según los siguientes pasajes?
Gálatas 1.4

Colosenses 1.13 - 14

Por supuesto que somos seres mortales y, si Cristo no viene antes, todos moriremos.

4 Si es así, ¿qué quiere decir Pablo en Romanos 8.2?

Pero Jesús aclaró que la liberación no es algo mágico, no es una consecuencia automática de la fe.

5 ¿Cuáles son las condiciones para lograr la verdadera libertad según Juan 8.31 - 32?

6 ¿A qué nos exhorta Gálatas 5.1?

No debemos aceptar nuestra libertad ligeramente. La recibimos a gran costo de parte de Dios y es una libertad frágil. Es demasiado fácil caer de nuevo en la esclavitud que tuvimos antes de conocer a Cristo. Nuestra libertad es algo que debemos preservar como un tesoro.

3

Libres... ¿para qué?

Hay una poesía, una canción, que dice así:

Libertad,
no es despertarte una mañana sin cadenas,
es algo más.

Libertad,
no es poseer las llaves de todas las puertas,
es algo más.

Libertad,
no es construirte solitario un mundo aparte,
es algo más.

Libertad es convivir, decidir, elegir.
Libertad es amar, comprender y luchar,
para que todos tengan libertad.

Sí, la libertad es más que "libres de..."; es también "libres para..." Pablo habla de la "gloriosa libertad de los hijos de Dios" (Romanos 8.21) e implica que la libertad que gozamos hoy es una sombra de lo que vendrá.

Comprometerme con el evangelio de Jesucristo no es meterme en una jaula, sino montar vuelo con alas nuevas. Es entrar en el estilo de vida que el Creador propuso para nosotros desde antes de la creación del mundo.

1 *¿Te parece que el poema que aparece al comienzo de esta lección está de acuerdo con la libertad cristiana? ¿Por qué?*

2 *¿Qué libertad describe 2 Corintios 3.17? Examina el contexto con cuidado.*

Filipenses 4.11 - 12 afirma un aspecto de la libertad que vivía Pablo. Describe todo un estilo de vida. Termina la siguiente frase en base a este pasaje de Pablo:

3 *Esa realidad me libera para que...*

Pablo, en 1 Corintios 4.2-4, afirma su actitud frente a los que le acusaban de no ser un verdadero apóstol. Pero a la vez afirma una dimensión muy importante de la libertad cristiana. De nuevo, en base a estos versículos, termina la siguiente frase:

4 Esa realidad me libera para que..

San Agustín, uno de los padres y teólogos más prominentes de la Iglesia Católica Romana, escribió: "Ama, y haz lo que quieras."
Esta frase define, en un sentido, un "para qué" de nuestra libertad.

5 ¿Cómo lo explicas?

6 Propongo que Cristo nos liberó para ser y para hacer. Si es así, me libera para:
ser ¿qué?

hacer ¿qué?

Que el Señor nos ayude a gozar de esa "gloriosa libertad de los hijos de Dios."(Romanos 8.21)

ƧALMO 23

Se encontró la siguiente versión del Salmo 23 al lado del cuerpo muerto de una mujer joven, de 23 años, adicta a la heroína:

El rey Heroína es mi pastor, siempre me faltará.
Me hace descansar en la cuneta.
Me guía por las aguas agitadas. Destruye mi alma.
Sí, caminaré por el valle de la pobreza y no temeré peligro alguno,
    porque tú, Heroína, estás conmigo.
Tu aguja y tu píldora me confortan. Tú vacías mi mesa de comida en
    presencia de mi familia. Robas la razón de mi cabeza.
Mi copa de tristeza rebosa. Seguramente la adicción a la heronía me
    perseguirá todos los días de mi vida y viviré en la casa de los
    condenados por siempre.

Además, encontraron este mensaje:

La cárcel no me curó. Tampoco el hospital me ayudó por mucho tiempo. El médico dijo a mi familia que hubiera sido mejor, y más amable, si la persona que me atrapó con la droga hubiera tomado un arma para matarme. Y ¡cuánto anhelo que lo hubiera hecho! ¡Oh Dios, cuánto lo anhelo!

4 El primer "pero"

Hasta ahora hemos reflexionado sobre la "gloriosa libertad de los hijos de Dios", y es realmente gloriosa. Somos libres para ser alegres, emocionarnos, llorar, reír, pensar, ser agradecidos, cantar, ser felices, compartir, perdonar, ayudar y un sinfín de cosas más.

Pero esa misma expresión de Pablo también define las dimensiones de nuestra libertad. Es la libertad de los hijos de Dios y, como vimos en la primera lección, somos libres cuando vivimos de acuerdo con el propósito por el cual y para el cual fuimos creados.

En un sentido, podemos llamar a Pablo "el apóstol de la libertad". Vez tras vez, y especialmente en Romanos y en Gálatas, insiste que hemos sido liberados de un sistema de leyes. En Cristo, somos libres.

Sin embargo, por lo menos tres veces agrega un "pero". Por ejemplo, 1 Corintios 6.12 dice:

Todo me está permitido,...

Aparentemente algunos afirmaban eso y Pablo estaba de acuerdo. Es cierto, pero Pablo sabiamente agrega:

...pero no todo es para mi bien.

¿No todo es para mi bien? ¿Qué es lo que no me conviene? Pues vamos por partes.

---

1 ¿A qué conclusión nos lleva 1 Corintios 6.20?

2 Y si es así,
¿cómo afectará nuestra manera de comer, de alimentarnos?

¿Qué argumento nos da contra cosas como, por ejemplo, no debes fumar?

Pablo lleva este concepto de no pecar contra el cuerpo hacia un tema que no hubiéramos esperado: el sexo. En 1 Corintios 6.18 dice que tener sexo con una persona fuera de los límites que Dios establece es pecar "contra su propio cuerpo".

Uno pensaría que el pecado es contra la otra persona, pero Pablo dice que es contra nosotros mismos.

3 ¿Entiendes eso? ¿Por qué el sexo practicado de esta forma es pecado contra nuestro propio cuerpo?

Pero también podemos llevar este concepto de "no todo conviene" a nuestra vida espiritual, a nuestra relación con Dios, porque no nos conviene nada que impida que seamos como Dios quiere que seamos. Puede ser algo que vemos o escuchamos. Puede ser la manera en que ocupamos nuestro tiempo.

4 ¿Puedes dar ejemplos específicos de cosas que no nos convienen porque hacen daño a nuestra relación con Dios?

En un sentido somos lo que pensamos. Éste es esencialmente el planteo de Jesús en Marcos 7.21 - 23. Si permitimos que entre "basura" en nuestra mente, seguramente nos enfermaremos espiritualmente.

Un ejemplo moderno: Existen cada vez más personas que tienen acceso a Internet. Allí se ofrece toda una gama amplia de sitios pornográficos y dañinos en otros aspectos. El peligro está en que podemos mirar y nadie sabe que estamos mirando. Sin embargo, aun muchos creyentes lo hacen, ocasionándoles un daño tremendo.

La pauta de Pablo para nuestro pensamiento se encuentra en Filipenses 4.8 - 9.

5 ¿Cómo podemos aplicar el versículo 8 a la luz de "no todo me conviene"?

6 ¿Por qué hacemos tantas cosas que no nos convienen, sabiendo que no nos convienen?

Éste es, entonces, el primer "pero". El Señor mismo dijo que no hay comida prohibida (Marcos 7.18 - 19), sin embargo sabemos bien que nuestra dieta afecta nuestra salud. También podemos comprar y leer cualquier revista, pero reconocemos que muchas nos hacen daño moral y espiritualmente. Debemos reconocer que mucho de lo que trae la TV es basura y contamina nuestra mente. Tenemos libertad, pero esa libertad es verdadera solamente cuando la vivimos dentro de las pautas que nos fija el Creador.

5 El segundo "pero"

El segundo "pero" se encuentra también en 1 Corintios 6.12:

> Todo me está permitido, pero no dejaré que nada me domine.

Es obvio que no puedo ser libre si algo me domina, porque si algo me domina, soy esclavo de ese algo. El Diccionario de la Lengua Española define la esclavitud como: "Dícese de la persona que por estar bajo el dominio de otra, carece de libertad."

1 Pablo dice algo parecido en Romanos 6.16. ¿Qué tendrá que ver este versículo con 1 Corintios 6.12?

En realidad, podemos hablar de dos clases de esclavitud. Hay personas que son esclavas de cosas o actividades dañinas, como la droga, el alcohol o el cigarrillo. En muchos casos se dan cuenta de que esas cosas las dominan, pero no tienen la fuerza ni la capacidad de dejarlas. Son esclavas de ellas. Pedro habla de los que son "esclavos de la corrupción; porque todo hombre es esclavo de aquello que lo ha dominado" (2 Pedro 2.19).

¡Pero también es posible ser esclavo de algo que no es malo en sí! Puede ser algo inofensivo, pero si nos domina, si no lo podemos dejar, nos quita nuestra libertad como hijos de Dios.

2 Un ejemplo sería ser adicto a las telenovelas. ¿Puedes pensar en otras cosas de este tipo?

3 Ahora una pregunta difícil. ¿Será posible esclavizarse de algo sin darse cuenta? Explica tu respuesta.

En el capítulo 2 pensábamos en una dimensión de nuestra libertad: libres de la Ley. Pablo, en su carta a los Colosenses, amplia el tema.

4 Nota Colosenses 2.8 y 2.20 - 23
¿Qué pueden ser esas "tradiciones humanas" o "enseñanzas humanas"?

¿Por qué es especialmente peligrosa esa forma de servidumbre?

Algunos comentaristas de la Biblia sugieren que podemos ser dominados por nuestro propio sentido de libertad.

5 *¿Entiendes el peligro? ¿Cómo lo explicas?*

Damos la palabra final a Pablo en Gálatas 5.1. Recomiendo que el grupo termine la sesión con un tiempo de oración. Sugiero que den gracias a Dios por la libertad plena que él ofrece, pero también que él les ayude a ver las áreas de sus vidas que los esclavizan y a tomar el "camino hacia la verdadera libertad" con decisión firme.

¿Sabías...?

El consumo de cigarrillos es responsable del 85% de los casos de cáncer de pulmón entre los hombres y del 75% entre las mujeres; un promedio general del 83%. El fumar es la causa de aproximadamente el 30% del total de las muertes por cáncer. Los fumadores de dos o más paquetes de cigarrillos por día presentan porcentajes de mortalidad por cáncer entre 15 y 25 veces superiores a los no fumadores.

El uso del tabaco en sus variedades de mascar y de inhalar (rapé) incrementa los riesgos de cáncer de boca, laringe, garganta y esófago.

(Enciclopedia Encarta 2001)

6 El tercer "pero"

El tercer "pero" viene de otro pasaje: 1 Corintios 10.23 - 24. Pablo repite lo que había dicho antes, pero agrega otra condición.

Todo está permitido, pero no todo es provechoso. Todo está permitido, pero no todo es constructivo. Que nadie busque sus propios intereses sino los del prójimo.

La Reina Valera 1995 dice: pero no todo edifica.

De ahí sale una serie de preguntas: ¿Edificar qué? ¿Quién edifica? ¿Cuáles pueden ser los estorbos para la edificación? Pero vamos por partes.

1 ¿Qué se edifica según Romanos 15.2?

2 ¿Con qué propósito se edifica? ¿Qué resultado se espera?

Esa es una manera de ver la tarea de edificar. Pero hay otra.

3 *¿Qué se edifica según Efesios 2.20-22?*

Un detalle que no hemos tocado todavía es quién edifica.

4 *¿Quiénes son los edificadores según Efesios 4.11, 12?*

5 *¿De qué manera nuestra libertad pueda estorbar su tarea?*

El pasaje de Efesios 4.11 y 12 refleja como la mayoría entiende la tarea de la iglesia. Pero hay otra manera de verla.

6 *¿Quienes son los edificadores seg ún Efesios 4.16?*

7 *¿De qué manera nuestra libertad pueda estorbar esa tarea?*

La palabra "edificar" es una buena manera de definir la tarea de la iglesia. La vida de la iglesia no es solamente ser algo, sino también hacer.

Terminamos con un pasaje más: 1 Corintios 3.9-18

8 ¿Ve una relacion entre este pasaje y el tema de este capítulo? ¿Cómo lo explica?

En todo esto vemos que somos como el pez: libres, pero dentro de un contexto creado por Dios nuestro Creador y Salvador. Tenemos libertad, pero él es quien tiene que definirla. Seguramente la gente sin Cristo piensa que nosotros estamos esclavizados, pero simplemente es porque no conocen a Dios ni se conocen a sí mismos.

No hay que buscar el bien de uno mismo, sino el bien de los demás. (1 Corintios 10.24)

7 El camino seguro

Vivimos, entonces, dentro de dos contextos. Primero, como seres creados a la imagen de Dios, diseñados por él para vivir en relación con él. Segundo, como hijos de Dios, redimidos para que reflejemos su persona, su gloria. Solamente dentro de estos dos contextos tenemos libertad verdadera.

Jesús dijo que los verdaderos discípulos conocen la verdad (Juan 8.31 - 32). Pero en realidad, para ser verdaderamente libres necesitamos conocer no solamente a Dios, sino también conocernos a nosotros mismos.

1 ¿Por qué es necesario conocernos a nosotros mismos para alcanzar la libertad?

Vivimos la verdadera libertad cuando nos damos cuenta de lo que somos, de los propósitos que tiene Dios, el Creador, para nosotros, sus hijos.

Por ejemplo, hay un joven en Inglaterra que en cierto sentido carece de libertad. El lugar donde vive, su vida social, lo que estudia, todo está predeterminado. La razón es que este joven es un príncipe y dedicará su vida a prepararse para ser rey en algún momento futuro.

Pablo nos da otro ejemplo en 1 Corintios 9.24 - 27.

2 ¿Cómo aplicamos este pasaje al tema de la libertad cristiana?

Pero también, en Juan 8.31 - 32, Jesús dijo que para ser libres tenemos que ser discípulos, y que llegamos a ser discípulos cuando permanecemos en su palabra, cuando la obedecemos.

3 Tal vez la pregunta es obvia, pero ¿por qué todo comienza con la Palabra de Dios?

Libres, dentro de un contexto. Libres, con un propósito. Nuestra libertad es algo que Cristo compró por un precio muy alto, pero a la vez es algo que tenemos que mantener nosotros. Porque así como tenemos la libertad de vivir una vida gloriosa, también tenemos la libertad de desviarnos, de volvernos a la esclavitud. Nuestra libertad implica decisión y autodisciplina.

4 Trata de poner a Filipenses 3.13 - 14 en tus propias palabras, es decir, una versión tuya de estos dos versículos.

Vamos a pensar un momento en la parte práctica de este tema. ¿Cómo aplicamos todo esto a las preguntas que a menudo surgen, y no solamente entre la juventud?

Las tres pautas que hemos considerado son las siguientes:

1 - No todo es para mi bien.

2 - No dejaré que nada me domine.

3 - No todo es constructivo, no todo edifica.

Ya mencioné el ejemplo del cigarrillo. Va en contra la pauta 1 porque hace daño a nuestro cuerpo, va en contra la pauta 2 porque es un hábito muy difícil de dejar, y va en contra la pauta 3 porque molesta y hasta puede hacer daño a las personas que nos rodean.

Es fácil encontrar varias otras trampas que pueden lastimar nuestra libertad en Cristo.

5 Por ejemplo, ¿cómo aplicamos estas pautas a:
asistir a las confiterías bailables?

ver a ciertos programas de televisión?

utilizar internet indiscriminadamente?

ver ciertas películas en el cine?

Para terminar, sugiero que como hijos de Dios, príncipes del reino de Dios, debemos siempre recordar quiénes somos y vivir a la luz de esa realidad. Doy la última palabra al apóstol Pedro:

Pórtense como personas libres, aunque sin usar su libertad como un pretexto para hacer lo malo. Pórtense más bien como siervos de Dios. (1 Pedro 2.16 DHH)

Conclusión

Espero que tengas ya una respuesta a la pregunta con la que denominamos este cuaderno. Es una pregunta común y legítima.

Aunque para el verdadero discípulo de Jesucristo, la persona que ha aprendido a amar al Señor su Dios con todo su corazón, con toda su alma, con toda su mente y con todas sus fuerzas (Marcos 12.30), no resulta tan difícil discernir las cosas que pueden dañar su caminar con Dios.

"Ser libres dentro del propósito por el cual y para el cual fuiste creado" abre puertas para una vida abundante y traza los límites para mantener sana esa vida.

Se terminó de imprimir en
Talleres Gráficos de
Ediciones CC
Córdoba 419 - Villa Nueva, Pcia de Córdoba
Marzo del 2014
IMPRESO EN ARGENTINA